MISAKO UNO × paku☆chan

すべての「キレイ」に理由《ワケ》がある。

#かわいい超え
大人メイク教本

KODANSHA

PROLOGUE

from MISAKO

ｐａｋｕ☆ｃｈａｎに出会って、もう4年目になるのかな。20代を経て30代になって、わたしの理想の大人らしさや、これからの自分の見せ方について悩んでいて、色んなメイクの写真を検索しては研究していました。そんな時にＩｎｓｔａｇｒａｍでｐａｋｕ☆ｃｈａｎの存在を知って、すぐにお仕事をお願いしたのがきっかけでした。そこから自分らしい大人のかわいいとキレイを一緒に模索して、新しいわたしへ導いてくれたんです。ｐａｋｕ☆ｃｈａｎのメイクって、気づかなかった自分の長所を引き出してくれて、そこに遊びとトレンドを程よくプラスしてリアルに落とし込んでくれる。それに攻めたメイクをしても、絶対に女性らしさや品を感じさせてくれる、そこが大好き！

30歳を過ぎた頃から、paku☆chanと一緒に自分らしい大人メイクを探してきました

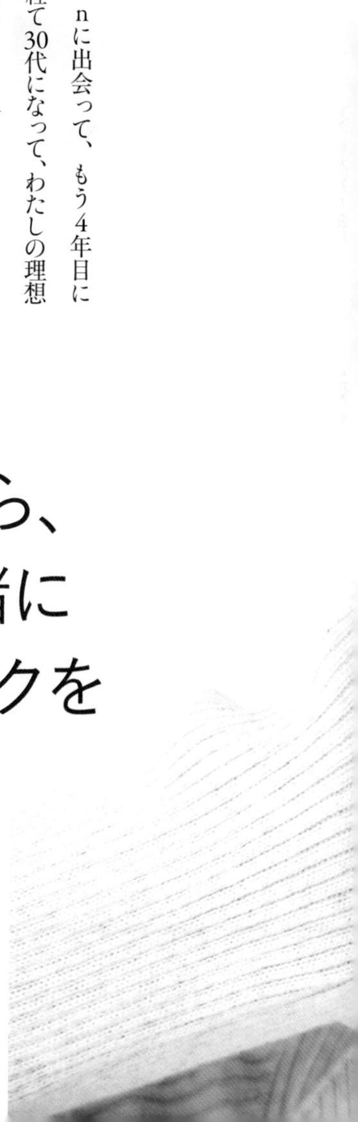

普段雑誌の場合は決まったコンセプトやテーマがあるので委《ゆだ》ねることが多いんですが、アーティストのお仕事の場合は、曲に込めた思いやストーリーを伝えて、二人で描いたイメージをヘアメイクに落とし込んでいくことが多いんです。衣装を着てメイクが完成して初めて、「いくぞっ！」ってスイッチがＯＮになるんですよね。ライブメイクのときには、ステージ映えすることを念頭に、足し引きが完璧に計算された上に、絶対に崩れないメイクに仕上げてくれるんです。もう、ｐａｋｕ☆ｃｈａｎとの思い出は数えきれないほどいっぱい!! たくさんの大きな舞台を一緒に乗り越えてきた、戦友のような感覚かも！

メイクって、自分自身の輝きを無限に引き出すもの。その本質を教えてくれたのが、paku☆chanなんです

今回ｐａｋｕ☆ｃｈａｎの記念すべき初の書籍に、こうしてモデル役として関わらせてもらえたことをとても光栄に思っています。わたし自身、ｐａｋｕ☆ｃｈａｎにメイクをしてもらうようになって選ぶコスメの色もアイテムも、テクニックも全く変わったんです！　すごく幅が広がったの。女性の楽しみを改めて教えてもらったし、まだまだ自分らしく変身できるんだなって歳を重ねることも楽しみになりました。うん、背中を押してくれてる！　メイクって、その人自身をどこまでも輝かせるものなんだっていう本質を、いつもお仕事を通じて教えてもらってますね。常に最前線で活躍するプロフェッショナルにメイクしてもらえるのは本当に幸せなことだし、心から尊敬しています。

　この本を通じて、いくつになっても、むしろ大人になるほどもっとメイクを自由に楽しめるんだぞ！　ってことが伝わったらいいな。わたしも隅から隅まで読み込んで一から勉強するつもりなので、みなさんもぜひ一緒に楽しみましょう!!

たくさんの大きな舞台を、
一緒に乗り越えてきた。
忘れられないエピソードは、
数えきれないほど！

CONTENTS

PROLOGUE from MISAKO……02
30歳を過ぎた頃から、paku☆chanと一緒に
自分らしい大人メイクを探してきました

PROLOGUE from paku☆chan……10

基本編
かわいい超え 大人メイク 全プロセス……22

さあ、ベースメイク！ のその前に……24

化粧水・乳液……25

Column 大人のツヤは、潤いにあり！……31

BASE MAKE-UP［ベースメイク］……32
下地・ツヤ……34
ファンデーション……38
コンシーラー……42
お粉……44

MAKE-UP［メイクアップ］……46
アイシャドウ・アイライン……48
眉・まつげ……52
リップ……58
チーク……60
ハイライト・シェーディング……62
この基本メイクは
料理でいうお出汁です。……66

CONTENTS

応用編 かわいい超え 大人メイク アレンジ……68

01 ふわふわ眉……70

02 ベリーピンクのワントーン……74

03 上品パープルまつげ……80

04 みかん色でワントーン……84

05 美人透けマットリップ……88

06 サラツヤリップオイル……92

07 マットオレンジアイシャドウ……96

Column 宇野ちゃんヘアアレンジ……100

その1 無造作シニヨン

その2 ヘアピンタイト

あの時、あのメイク。オール解説！……104
things she loves 宇野ちゃんの好きなもの……112
EPILOGUE from paku☆chan……122
Fashion Coordinate……124
SHOP LIST……127

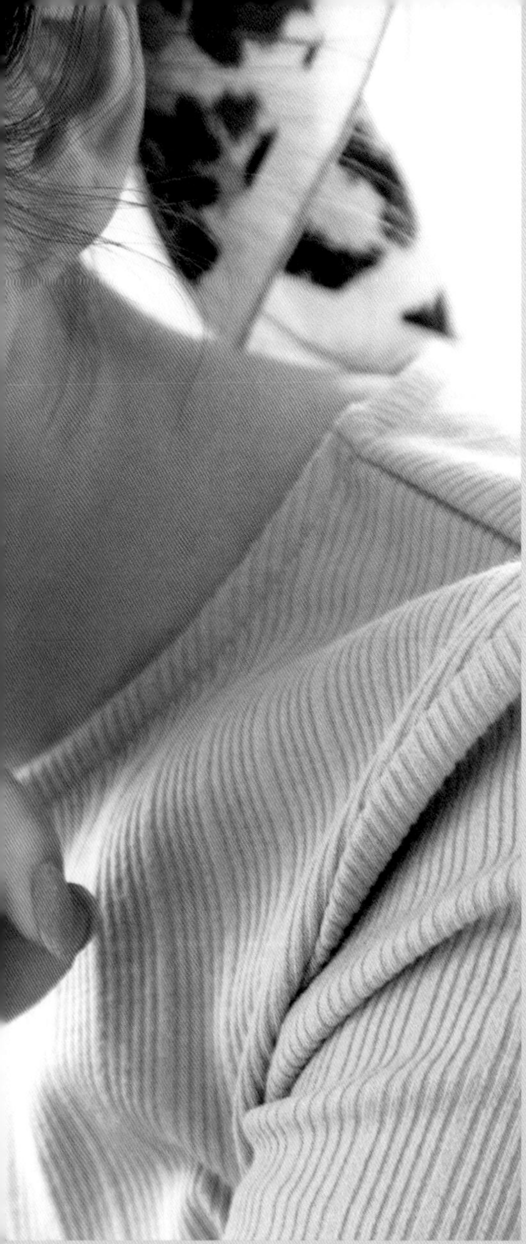

PROLOGUE from paku☆chan

自分の顔にハテナ?が生まれたら
メイクの見直しどきです

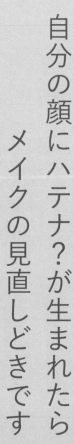

「好きだったリップが急に似合わなくなった」、「いつもと同じメイクなのに、なんだか違和感がある」、「最近、自分の顔がなんだかしっくりこない……」。大人になってふと、そう感じた瞬間はありませんか？そんなときは一度立ち止まってメイクを見直し、アップデートが必要な時なのかもしれません。お洋服は季節や気分で変わっていくのに、メイクはずっと同じままという人を多く見かけます。今の自分の顔からなかなか離れられない人、変えたいけれど何をすればいいのか分からない人──。そんな皆さんに声を大にして、「難しいテクニック無しに、ほんの少しのポイントでみんなキレイになれるんです！」と、この本を通じてお伝えできたらと思っています。

「かわいい」は幼い子どもにも使えるけれど「キレイ」は大人の特権です

みなさんは普段メイクをするとき“かわいい”と“キレイ”、どちらを意識していますか？　わたしは学生時代を経て大人になり、ヘア＆メイクアップアーティストとして生きていく中でずっと“キレイ”を意識してきました。「かわいいね」という言葉は赤ちゃんの頃から身近にあって、幅広く色々なシーンで使われますよね。でも「キレイだね」という言葉には、何か特別なオーラや存在感、意味が込められていると感じていて。だからこそ言われるとドキッとするし、気持ちが高揚するのではないでしょうか。まさに、大人の特権。わたしはいつもメイクをするときに、その人自身が持つ魅力を盛り上げるお手伝いをしたいと考えています。そして大人こそ、“キレイ”が必要だとも。その人らしく、その人のまま、特別な魅力を放つスパイスをほんの少しだけ。それが、大人の美しさを引き出す最大の秘訣だと信じています。

「かわいい」を好きなままでいい。「かわいい」を「キレイ」に変えるのは、少しのテクニックだけ

「キレイ」という形容詞には、どこかクールでカッコいいといった印象を持つ人も多いかもしれません。でもここで重要なのは、「キレイ」を構成する上で「かわいい」は欠かせない一要素であるということ。決して「かわいい」を否定しているわけではなく、内側に閉じ込めつつメイクでその先を表現することで、“新たな大人のキレイ”が花開くかもしれませんよ？　という提案をしたいんです。ちょっとのテクニックとプラスαで、「かわいい」がレベルアップする、そんなイメージを持ってもらうといいのかもしれません。「キレイ」と「かわいい」には共通点がたくさんあって、別物のメイクだと思わないで欲しい。本当に、ちょっとの“差”なんですから。

まずは自分の顔と向き合ってみて。受け入れて活かせば、自信も溢れ出る

メイクを始める前に、鏡で自分の顔をじっくり見てみましょう。ここが好き、というポジティブな部分だけでなく、ここが嫌だな、というネガティブな部分もきっと見えてくるはず。でもこのときに、好きだなと思った部分にフォーカスを当てる意識をぜひ持って欲しいんです。嫌いな部分を隠したり形を変えることにこだわるより、好きなところを存分にアピールするメイクの方が気持ちも前を向いて更にかわいくなれるもの。例えば化粧品売り場のカウンター等でメイクをしてもらうときに､肌をもの凄く塗り重ねられたりアイラインを幾重にも描かれたりしたら嫌ですよね？　それに、好きな部分を活かすと、ネガティブな部分が気にならなくなるんです。そうすると、不思議と自然に自信が満ち溢れてくる。沢山のモデルさんたちを見てきた今、確証を持ってそう断言できます！

from paku☆chan

メイクのバリエーションを持っていたら、毎日が楽しくなる!!

お仕事シーンを含め、メイクにはTPOがつきものですよね。でも、ますます多様性が注目される今、形式的なことや思い込みから少し解放されてもいいんじゃないかな？　と思うこともしばしば。メイクは自分のテンションが上がるものであって欲しいと思うからです。本書では、わたしにとって永久スタンダードともいえる、ベーシックメイクの全てを紹介しています。それは「キレイ」をポイントに、まだ見ぬ魅力と出会うためのシンプルなプロセスばかり。ぜひこれをベースに自由にアレンジを加えて、メイクを楽しむきっかけになってくれたら嬉しいと思っています。安定感や安心感があることももちろん大切ですが、せっかく毎日メイクをするのであれば、心がときめく何かをプラスして欲しい。カラフルだったりお洒落だったり、そんな少しの彩りが、毎日をもっと楽しくしてくれるはずだから。

メイクは料理と同じ。少し薄いなと思ったら、後から足せばいいんです

みなさんにお会いすると、よく「イメチェンしたいけど、どうすればいいのか分からないんです」と言われるんですが、話を聞くと全部一気に変えようとしている人が多い気がします。メイクのプロセスが全部で10だとしたら、その8と9だけを変えてみたり、何か一つ変えるだけでもいいんです。大人の「キレイ」は、ちょっとで手に入るもの。しかも、調整がきくところがメイクの素晴らしさでもあります！　まさに、料理と一緒。この本で紹介するメイクが少し濃い味だったら薄めたり、薄いなら何かを加えたり、どんどんアレンジをしてください。そこから、あなただけの個性が生まれていくはずです。プロのヘアメイクさんも、微調整を繰り返しながら完成に辿りついているんですよ。だから、やらず嫌いはもったいない！　怖がらずに、まずは何か一つ気になったものからトライしてみてくださいね。

基本編

かわいい超え
大人メイク
全プロセス

まずはじめに、わたしにとっての永久スタンダードともいえるベーシックメイクをご紹介します。と言いつつ、正直難しいことは一切していないんです（笑）。スキンケアからベースメイク、そしてポイントメイクまでの流れを通して、ある意味すごくシンプルに、でも確実にみなさんの美しさを際立たせるプロセスが詰まっています。一番大事にしているのは、メイクで別の人に変えるのではなく、その人らしく、良さを引き出して際立たせるということ。まずは一度、プロセスを追いながらトライしてみてください。「ここは不要だな」と思う部分があれば、省いてもらっても大丈夫です！　ちなみに使用しているものは、どれもわたしのメイクに欠かせない溺愛コスメばかり。優秀なコスメの力を借りることも、とても大切です。

from paku☆chan

さぁ、
ベースメイク！の
その前に

みなさん、メイク前のスキンケアはどうしていますか？　朝はもちろん忙しくて時間がないのも分かるのですが……、スキンケアはベースメイクのスタート地点！　むしろ、土台となる素肌の仕上がりでベースメイクの仕上がりまでもが決まる、といっても過言ではありません。下地やファンデーションで肌を作り上げるのではなく、“スキンケアで最大まで良い状態に整えた素肌をキープするために、ベースメイクで2割ほど演出をしてあげる”ものだと考えています。

つまり、

スキンケアがうまくいけば
ベースメイクは8割成功です

化粧水・乳液

スキンケアの中で水分が一番大事だと思っていて、わたしは化粧水 8: 乳液 1: クリーム 1 の割合で考えています。肌内部は、みなさんが思っている以上に乾燥していることが多いんです。さらに、ベースメイクアイテムは液状のものが多いですよね。肌そのものを潤わせておく＝ベースメイクのなじみの良さにも繋がることを意識してみてください。

Start!

1 まずコットンに化粧水を含ませて、
肌全体にトントンと置いていく

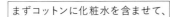

2

次は500円玉サイズの

化粧水を手に取り、

顔全体に優しくなじませる

3

もう一度手で同量を塗り重ね、

肌内部までしっかりと潤わせて

4

次に乳液を顔全体になじませながら、

マッサージを！ 最初に耳から首、

鎖骨へと撫で下ろし、リンパを流していく

5

頬を手のひらで包みながら

こめかみへスライドさせて、

中指と薬指でギュッとプレスする

6

おでこに指先を当て、

中心から外側へ数回流す

7

目の下のくぼみに沿って、

目頭〜目尻まで数ヵ所指圧を

8

小鼻脇から耳前に向かって、線をつなぐようにプッシュする

9

最後におでこから鼻を通って

頬をさすり、首から鎖骨まで

リンパを流していく

わざわざマッサージをしようと思うと大変なので、スキンケアをなじませる感覚で行うのがオススメです。慣れるとあっという間にできるうえに、むくみも取れて血行もアップ。どんな撮影の時でも必ずやる、わたしにとってのスキンケアルーティンなんです。もし「まだむくみが取れない!」なんてときには、乳液を塗るプロセス４からもう１セット繰り返してみてください。

10

肌が内側からしっかり潤って

柔らかくなったのを確かめて！

BASIC

SKIN CARE

11

リップケアまでがスキンケアだと心得て。

ここで塗ると、後で効いてくる！

よくリップを塗る直前に保湿ケアをする人が多いのですが、ギリギリだと潤いが不十分になってしまいがち。結果ガサガサな印象になってしまってもったいないので、スキンケアの最後にリップの保湿をしましょう。荒れた皮むけもふやけやすくなって、リップを塗るときには乾燥が落ち着いてくれるはずです。綿棒でくるくるのせれば余分な皮むけもからめとり、やさしくオフ。

Column

大人のツヤは、潤いにあり！
スキンケアで輝く素肌を作りましょう

ここ数年のツヤ肌ブームによって、質感をコントロールすることで印象まで変わることを実感した人も多いと思います。そんなツヤ肌、みなさんはどんな風に作っていますか？ プロダクト選びはもちろんですが、ハイライトを活用している人も多いと思います。ただ大人の肌の場合、後のせでツヤをプラスすると逆に悪目立ちしたり、浮いてしまったりすることも。だからこそ、まずスキンケアの段階で潤いで満たし、輝く土台を作っておくことが重要なんです。わたしにとってなくてはならないのが、この3品。どれも実力派なので、スキンケアアイテムにお悩みの人に、ぜひ試してみて欲しいです。

paku☆chan's RECOMMEND

アトピー肌でも使える優しい処方

ベタつかないのに保湿力抜群!!

ケアにメイクに、マルチに大活躍

(右)「とろみ系ではなく、あえてのバシャバシャ系の化粧水だから、ごまかしなくしっかりと潤わせてくれるんです」。スキンディライト ローション 150㎖ ¥5500／リンカー (中)「柔らかなテクスチャーで肌がふっくら。香りも最高でリラックスできます」。エコロジカル コムパウンド 125㎖ ¥23500／シスレー・ジャパン (左)「高純度のワセリンで、保湿もツヤもこれ1つで。長年愛用しています」。ベビーワセリン 60g ¥701(編集部調べ)／健栄製薬

BASE MAKE-UP

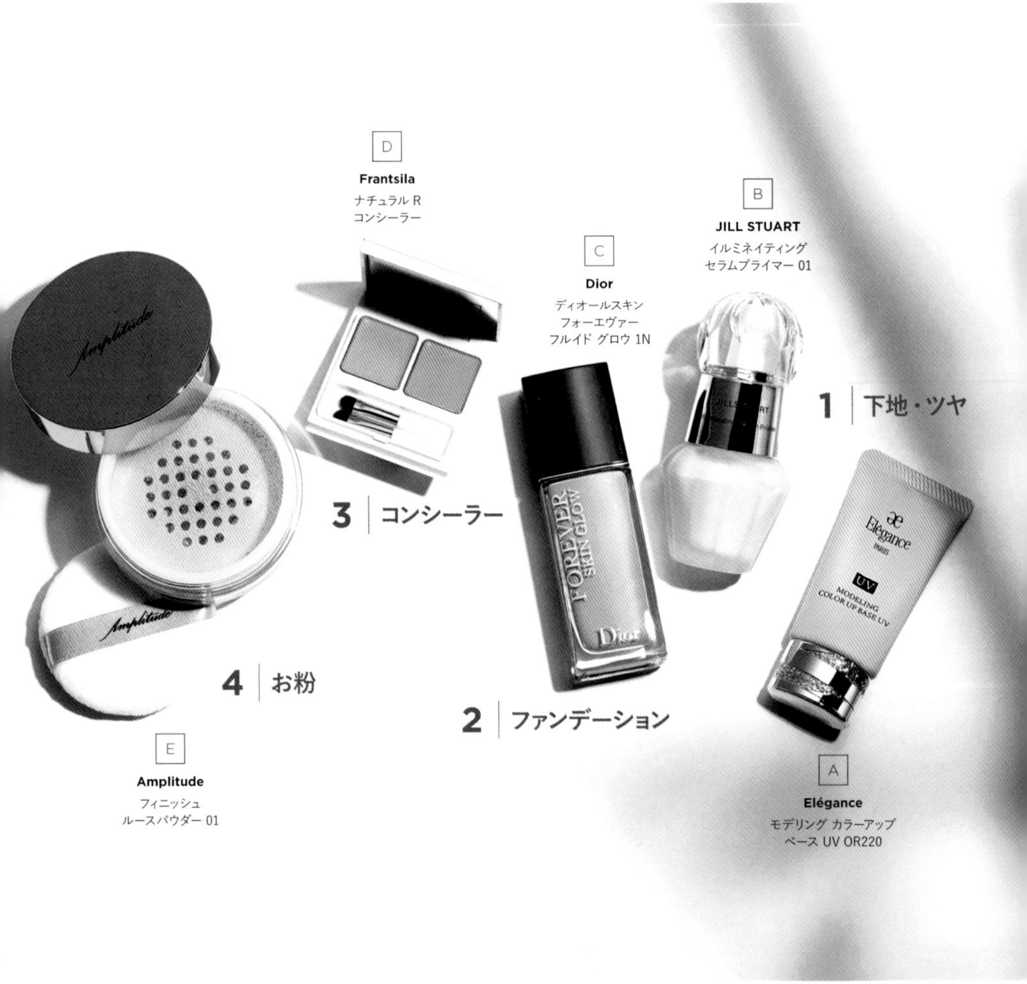

A「程よいオレンジ具合で、調子の良い肌に見せてくれるんですよね。肌への密着力も抜群」。30g SPF40·PA+++ ¥4500／エレガンス コスメティックス　B「繊細なパール感でみずみずしく、肌の奥から光沢感が生まれ出る下地。セラム処方だから潤いもキープ」。30mℓ SPF20·PA++ ¥3200／ジルスチュアート　ビューティ　C「緩すぎず硬すぎないテクスチャーでのびが良いのに、カバー力はしっかり。でも軽やかでしっとりとした肌に仕上がります」。30mℓ SPF35·PA++ ¥6000／パルファン・クリスチャン・ディオール　D「右のピンク色が特に優秀！」。¥7000／フランシラ & フランツ　E「ただただ肌を美しく見せる魔法のパウダーです」。¥6500／アンプリチュード

スキンケアで作った調子の良い肌を
より洗練させるのがベースメイクです

BASIC

BASE MAKE-UP

1　下地・ツヤ

調子の良い素肌に
整えてツヤを仕込む

2　ファンデーション

必要最低限の量で
肌のくもりを払拭する

3　コンシーラー

顔の中の不要な影を
ピンポイントで消し去る

4　お粉

フェイスラインにのせて
ベタつきを解消

31 ページでもお伝えしたように、肌作りのスタート地点はあくまでスキンケア！　上げに上げて調子の良い素肌に整えたら、さらに少しだけ洗練させるのがベースメイクだと思ってください。肌がうるうるに潤っているとなじみ方が違うので、必要最低限の量で作れるのもメリット。フルでカバーする必要がないので、“素肌を感じる整った肌”になれるんです。大人のメイクに厚塗りは禁物！　隠したい部分は隠しつつ、水が巡るような素肌印象をキープするのを大事にしてくださいね。肌を変えるだけでもキレイ印象はぐっと高まります。

下地・ツヤ

BASE

まず最初にどんな肌の色の場合でも、オレンジのコントロールカラーを塗りましょう。くすみを払って肌の色みを整えて、透明感もトーンアップも叶えてくれるんです。その後に、繊細で潤みのあるツヤをピンポイントで仕込むことで、肌のメリハリをナチュラルに強調することができますよ。

1

指の第一関節分の
コントロールカラーを取る

USE THIS

2

両手の指第二関節まで
こすり合わせて広げる

3

顔の中心にペタペタと

スタンプのようにのせる

4

フェイスラインには

自然になじませて

USE THIS

5 ツヤ下地を手の甲に出して、少量を頬骨の高い位置にポンポン

6 鼻の付け根のへこみにも チョンチョンと叩き塗りを

ハイライトという感覚じゃなく、あくまでメリハリを強調するためなので、あちこちに塗らず、この 2 ヵ所で十分。この仕込んだツヤの立体感が消えてしまうほどファンデーションを塗るのは NG。厚塗り防止の一つの指針に！

ファンデーション

FOUNDATION

「ファンデーションって厚ぼったく見えたり、塗りました感が出ちゃいそう……」と敬遠する人がいますよね。でも、そうなる原因はずばり“量が多すぎ” なんです！　ファンデーションは何かを隠すタイツではなく、素のようでいて素肌以上に見せるストッキングの役割だと思ってみて。上手に使えば、簡単にキレイな印象を手にすることができます。

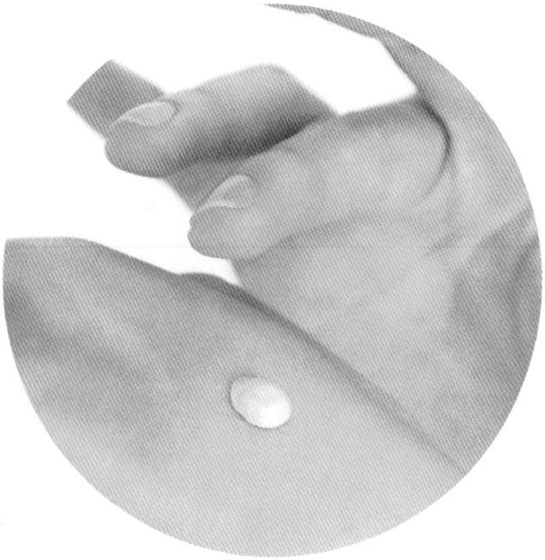

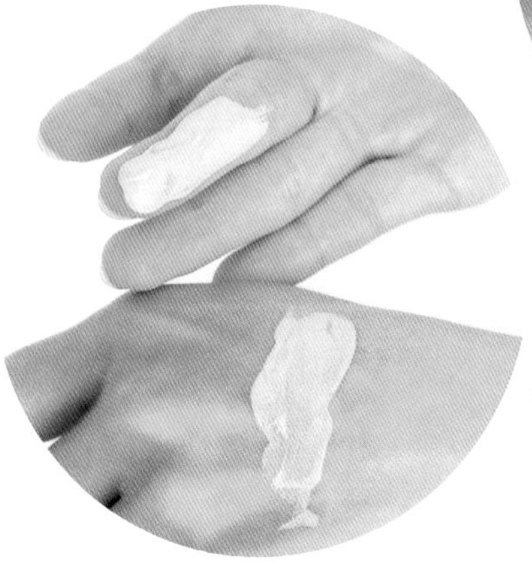

1

ワンプッシュを甲に出し、

指の第二関節分に薄く取る

USE THIS

ファンデーションを指で滑らせるように塗ると、余計な圧や力がかかってしまってせっかく作った下地の効果が半減してしまうことに。トントントンとスタンプ状に塗布することで、毛穴落ちも防げるうえにツヤも出やすくなるんです。そのためにも、ファンデーションを指の第二関節分まで薄く取るのがポイント。指先に取るとムラ付きしてしまう原因に！

2

トントントン……と
指でスタンプを押すように
頬にリキッドをのせていく

3

何もついていない指で
再びトントンと優しく
叩くようになじませる

4

ファンデーションを
指に付け足して、
鼻と目周りにトントン。
そのままおでこまで塗る

5

さらに指に少量
ファンデーションを取り、
口周りにも薄くなじませる

6

付け足さないまま
フェイスラインまで
薄くなじませていく

7

崩れやすい人は
キレイなスポンジで
ポンポンと押さえてFIXを

一度このプロセスを通してファンデーションのストッキングを肌にはかせた後に、大きな鏡で引きと寄りで仕上がりをチェック。もしまだ足りないようなら付け足す、ぐらいが正解！　いきなりがっつり塗り込んでしまうと、素肌感が分からなくなって調整が難しくなるのでご注意を。

コンシーラー

CONCEALER

シミやニキビ跡、赤みやくすみなどの肌トラブルや、不要な肌のノイズを消すのに便利なのがコンシーラー。ファンデーションで隠そうとすると厚塗りになってしまうけれど、部分的にカモフラージュすることで素を感じさせる肌がキープできるので、ぜひ味方に付けてください。一度ファンデーションで肌を整えた後に、消したい部分だけピンポイントでのせるのがオススメ。ごく少量で済みますよ。

1

リキッドファンデーションと
コンシーラーを混ぜて、
ベースとなじみやすくする

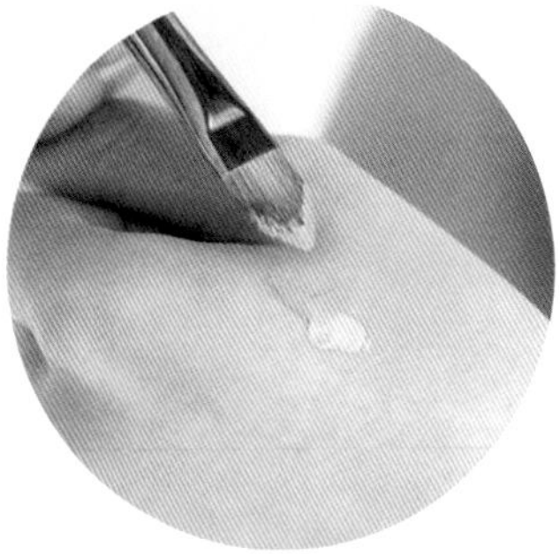

USE THIS

自分の肌色に合わせて
2色を混ぜて。

2

目尻のくすみとクマに
少量のせて指で優しく
なじませていく

3

口角のくすみも
ササッとカバーを。
キレイ印象に差が！

4

口角も指でトントンと
優しく叩き込んで

クマをカバーするときに、目の下全体にコンシーラーをのせるとヨレや浮きの原因に。目頭側の一番濃い部分に丸くのせたものを、なじませながら広げていくと自然な仕上がりに。さらに、下まぶたのキワまで塗り込むと目が小さく見えてしまうので、わざと塗り込まずに外すことも重要。

お粉
POWDER

作ったベースメイクを崩れにくくセットするお粉は、顔全体に塗る必要はありません！　ベタつきを抑えたい部分や崩れやすい所だけにサッとブラシでのせ、ツヤを残したい部分はあえて塗らないという潔さを。せっかく潤いを感じさせる素肌感に仕上げているのに、マットで固まった印象にはしないこと。

1 顔の中心はあえてツヤを残し、フェイスラインだけブラシでサッと

部分的にテカりやすい人は、同じく薄くブラシでのせると美しい仕上がりを長時間キープできます。

USE THIS

Finish!

ベースメイク

素肌感を最大限に引き出した
潤い感じるベースメイクの完成！

MAKE-UP

A「絶妙なくすみピンクとブラウンのコンビネーションだけでなく、しっとりとした粉質で目もとに簡単にツヤが生まれます」。¥1200（編集部調べ）／コーセー　**B**「ラメの粒感も大きすぎず小さすぎず、白ではないシルバーがかった発色が優秀！」。¥650、**C**「圧をかけずに描けるから、点埋めもラインもラクラク」。¥1100(共に編集部調べ)／カネボウ化粧品　**D**「黒とブラウンの中間カラーは、優しくしっかりと目もとを引き締めてくれるので持っていると便利」。¥1500／ウズ バイ フローフシ　**E**「眉にもしっかりのる粉質で、描いた眉を長時間キープ。アイカラーとしても使えてお得」。¥4200／カネボウ化粧品　**F**「毛の弾力、長さ、ブラシの幅、どれをとっても最高。このブラシさえあれば、どんな眉も描けるほど」。¥3500／アディクション ビューティ　**G**「極細の芯と、パウダリー感触のペンシルが描きやすくてオススメ」。¥2900／NARS JAPAN　**H**「柔らかにカラーチェンジをするだけでなく、ほんのり眉にツヤが生まれることろが好き」。¥1500／Clue　**I**「ボテッとマスカラ液が付きすぎることなく、素のまつげをコーティングして強調する仕上がりに惚れてます」。¥1200／イミュ　**J**「ピンクとコーラルどちらの良さも持ち合わせた、万人ウケリップ！　くすみも飛ばして、理想の素の唇色を再現できます」。¥2800／ベアミネラル　**K**「高発色だけど、同時に落ち着いたトーンでコントゥア的な役割も」。¥1800／Clue　**L**「後のせしても、リアルな潤いのようなツヤが宿ります」。¥4900／アルファネット　**M**「色が付きすぎず、ノンパールタイプだから骨格の影に成りすましてくれます」。¥1800／Clue

形を変えたり別人にしたりするのではなく、本来持つパーツの魅力を際立たせるもの

BASIC

MAKE-UP

1 アイシャドウ・アイライン
目もと印象を
自然にくっきりさせる
2 眉・まつげ
顔の中の毛の部分を
美しく整える
3 リップ
素の唇を装う色と
ツヤで女度を上げる
4 チーク
骨格を際立たせて
顔をキュッと引き締める
5 ハイライト・シェーディング
光と影を操って
メリハリを作り出す

パーツメイクをするときも基本はベースメイクと同じで、その人の形を変えずに、パーツをくっきりさせるくらいの気持ちが丁度いいんです。だから、アイラインをがっつり引いたりパーツを埋めたりしないし、カラーメイクのような印象にもなりません。今っぽさはもちろん意識しつつ、ほんの少しのテクニックを混ぜたスタンダードメイクなので、一度プロセス通りやってみて、もし足りなければプラスしたり、マイナスしたりとアレンジを加えてみてくださいね。

アイシャドウ・アイライン

EYESHADOW EYELINE

大人のキレイメイクを目指すときに、目もとにあれこれとのせてしまうと頑張った感が出てしまいがち。極力シンプルを目指すのが正解です。今回くすんだピンクブラウンのアイパレットを選んだのは、“キレイ” の中にも少しの “かわいい” ムードが必要だから。柔らかな暖色をニュアンスで漂わせることで、大人らしいキレイが叶います。

USE THIS

1

指で **a** と **b** を混ぜて

キワを除いてアイホールに

2

ブラシで **a** と **b** を混ぜ、

下まぶた目頭から全体に

サッと広げて明るく

3

締め色 **c** をとり、黒目の上から

上のキワ全体にのせていく

4

3のブラシの残りで、

下目尻 3 分の 1 に影をプラス

USE THIS

5

こげ茶のジェルライナーで

まつげの隙間を点で埋める

6

キワはこげ茶のリキッドで。

スーッと横に流すように

目尻だけにラインを引く

USE THIS

7 シャドウの締め色 **c** を目尻に重ね、影のように一体化させる

8 ピュアでクリアに見せるシルバーラメを黒目の上下にチョンッと加える

USE THIS

眉・まつげ

EYEBROW EYELASH

「これがトレンド眉!」というのがここ最近なくなってきたので、目指すべきは“地眉をキレイに整える”こと。形や色にこだわらず、ありのままの素眉に品格を持たせてあげるのが大事です。眉もまつげも、雑に作ると大人のキレイさが半減してしまうパーツ。丁寧に仕上げて損はありませんよ!

1

まずはブラッシング!

眉毛の根元からしっかり

スクリューブラシで整える

USE THIS

2

a で眉中央〜眉尻の下ラインを引き、眉山〜眉尻にものせる

3

aを付け足し、下から上へ毛並みに沿って
眉を描き、残りを眉頭にスッと重ねて

USE THIS

4

毛の少ない部分や
まばらなところは
ペンシルで埋める

ペンシルで描くときに、線が残ると不自然に。2mm程の短いストロークでチョコチョコと描き足すぐらいが自然に仕上がるポイント。

5

眉頭から鼻横のくぼみに指を滑らせ、
自然なノーズシャドウ効果を狙って

USE THIS

6

眉マスカラは毛流れに沿って
表面をとかすように塗布する

7

ビューラーは左右に手首を返して

両端まできっちり挟む

8

マスカラ前にコームで

まつげをさばいておく

USE THIS

ダマを防止するために
余分な液をティッシュオフ

9

まつげを広げたい方向に向かって
ブラシをスッと真っ直ぐに動かし、
コームを通してダマを解消する

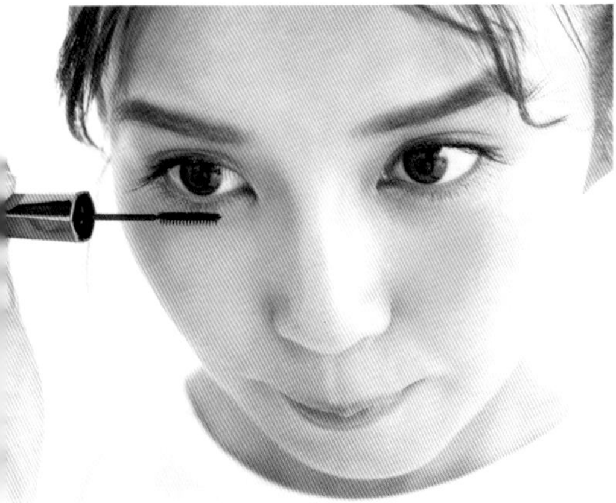

10

下まつげも同様に、
根元から毛先にスッと抜く

マスカラをジグザグさせながら塗ると、ダマになったりまつげ同士がくっつきやすくなるので、塗るときは真っ直ぐまつげを広げたい方向に向かって塗布するのがベター。

盛った感なく自然に、
目元がはっきり見えたらOK！

Finish!

アイメイク

リップ

LIP

基本メイクで目指すリップは、「自分の唇の色がもともとこんな色だったらいいな」というナチュラルなピンクトーン。実は唇って、顔の中で唯一暖色パーツなんですよね。その印象を高めながら、すっぴん風だけれどよりキレイな仕上がりになれたらいいな、と。だからこそ、ツヤ質感も重要に。

USE THIS

1

ツヤのある液状リップを
下唇の中央から
左右に広げていく

2

口角をシャープに描くと
きちんと&キレイな
印象が高まる

3 チップを立てて唇の山をオーバーに。ツヤが集まりラフで柔らかな印象に

唇のくすみが気になる人でも、このリキッドリップなら自然とカバーしてくれるのでお試しあれ。もう5本ほど消費する愛用品です。

チーク
CHEEK

みなさんがチークを入れる理由は何ですか？　基本メイクでの役割は、かわいさを作るものではなくメリハリを出すためのものなんです。頰の面積は大きいので、色選びがすごく大事。ピンクは甘くなりがちだけど、ベージュ混じりのコーラルなら肌の一部になりながら血色感も加えてくれます。

USE THIS

1

入れる位置をチェック！

黒目と小鼻位置を

結んだところを起点に

2

起点の位置から頰骨に沿って

スッと撫でるようにのせる

3

チークの輪郭を
指でぼかすように
なじませる

Finish!

リップ・チーク

チークを入れることで肌がリフトアップして見えたり、上気したような生気を宿したムードに。キュッと顔も引き締まって見えるので、チーク嫌いな人も一度トライを。

顔にメリハリが生まれて
華やかさがふわり

ハイライト・シェーディング

HIGHLIGHT SHADING

どちらもメリハリを出す役割で、光と影のトリックで顔の立体感を引き出す効果が狙い。なので、シェーディングとはいえ顔を削るために側面にがっつり入れたりなどはしません！　あくまで輪郭をはっきりさせるためで、ハイライトもごく少量をポイントでのせ、肌の潤い感とフレッシュな印象をほんの少し後押しするものなんです。

USE THIS

1

頬骨の高い位置に

指でハイライターをのせる

2

鼻の付け根にものせて
あどけなさを手に入れる

3

鼻筋には入れず、
鼻先にチョンとのせて
ツンと尖った印象に

4

唇の山部分にのせて

ぷっくりとした印象に

5

眉山の上にも少量のせて、

おでこに丸みを持たせる

USE THIS

6

耳裏からあご裏だけに
シェーディングを
入れて輪郭を強調

BASIC

MAKE-UP

Finish!

ハイライト・シェーディング

ハイライトは広い面積で入れず、必要な部分に少量のせるのがナチュラルに仕上がる秘訣。シェーディングも同じ。あご裏にミニマムに入れるだけで輪郭が明確になるので、ダマされたと思ってぜひ。

フレッシュでツヤ感のある
立体フェイスの完成！

基本の
かわいい超え
メイク

BASIC

MAKE-UP

この基本メイクは料理でいうお出汁《だし》です

こんなことを言うと「え⁉」って思われるかもしれないですが（笑）、ここまでご紹介した基本メイク編はメイクでありながらメイクでないというか……、むしろメイク感は無くていいと思っていて。その人らしさをありのままに、「すっぴん、かわいいね」って思われるくらいがいい。そのためのプロセスがギュッと詰まっているんです。極論、読者の方でもアーティストや女優さんでも、どんな顔の形でどんなパーツであっても共通して使えるテクニックのみ！　これを土台にどう広げて味付けをしていくかという意味で〝お出汁〟なんですよね。さぁ、次は味付け編へ！

from paku☆chan

応用編

かわいい超え大人メイクアレンジ

ここからは前ページまでの基本メイクをベースに、メイクで味付けをする応用編をお届けします。大人のキレイを引き出す土台があれば、あとはほんの少しのアレンジを加えるだけで「こうなりたい！」と願う自分に変身することができるんです。しかも、大人のキレイさをキープしたままで。ここからは、年齢を重ねることで感じ始めるメイクへのお悩みやモヤモヤを軸に、どんな調理をするのがいいのか、簡単なプロセスで解決法をお伝えしたいと思います。気になるクエスチョンから取り掛かるのもいいですし、もちろんメイクの仕上がりから選んで実践してみても。自由に楽しんでくださいね。

from paku☆chan

OTONA MAKE-UP
TECHNIQUES

01

かわいいのが好きだけど
そろそろ大人に見られたい

他はそのまま「はっきり眉」を
ふわふわ質感にすれば女っぽい

例えば「大人っぽくしたいな」と思ったときに、普段のメイクにどんなアレンジを加えますか？　リップの色みを変えたり目もとのラインを強めたり、アイシャドウを濃くしたり……と手法は様々ありますが、実は眉を変えるだけで大人っぽく見せることが可能なんです。ただ、眉で変えるとなると「強くすればいいの？」と思われがちなのですが、そこはバランスが大事。基本の眉メイクよりも少し濃くはっきり描いたあとに、眉マスカラで毛の質感をふんわりさせるのがポイントなんです。この場合の眉マスカラは、眉の色を明るくする為ではなくあくまで質感チェンジの為と心得て。そうすれば、ただ強いだけでなく女性の柔らかさを兼ね備えた大人っぽさがグッと増してくれます。

FLUFFY EYEBROW

［ふわふわ眉］

HOW TO MAKE-UP

P.66

基本のかわいい超えメイク

引くもの

マスカラは省略！

足すもの

USE THIS

（右）基本で使用した眉パウダーを使用。ルナソル スタイリングアイゾーン コンパクト 01 ¥4200／カネボウ化粧品 （左）「ガチガチに固まらず、ふんわり質感の眉が作りやすいんです」。デジャヴュ アイブロウカラー アッシュブラウン ¥800／イミュ

1 ラインを強調するために パウダー **a**+**b** を重ねる

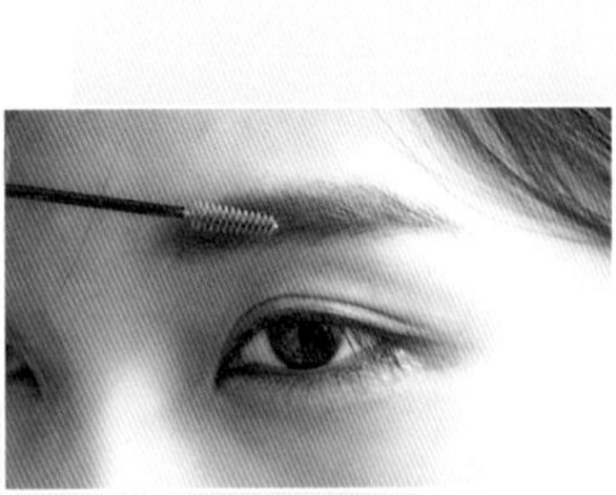

2 眉下の表面をなでるように 眉マスカラで色づける

眉のラインはきちんと、
でもふんわり質感のバランスが大事

眉マスカラを塗るときに、色を明るくしようとして毛流れに逆らうようにつけるのはNG。ぽてっと厚みがでてしまい、不自然な仕上がりに。さらに、眉を立ち上げすぎると強さが生まれてしまうので、それも避けて。眉を印象的にした分マスカラはあえてレスにすると、目もとに抜け感が生まれてこなれたムードになります。

OTONA MAKE-UP
TECHNIQUES

02

大好きなピンクが
似合わなくなってきた

深みを感じるベリーピンクをチョイス。さらにちょっとずつ色みを変えてメリハリUP

ピンクには、いくつになっても変わらない魅力を感じるもの。でもかわいくて甘い印象がある色だけに、大人になったらピンクはちょっと恥ずかしい……なんて思っている人がいるかもしれません。でも、決して避ける必要はないんです。ただ、年齢や時代とともに似合う色や質感が変わってくるのも事実。メイクで今取り入れるのなら、深みのあるベリー系ピンクをセレクトしてみてください。華やかなのに引き締まった印象が手に入るだけでなく、大人の色気と落ち着いた印象を添えてくれるんです。何というか、〝大人だけど、あえて塗ってますよ〟という感じが出せるんですよね。さらに、同系色の中でも色みを変えることで、ワントーンでもぼんやりせずメリハリのある仕上がりに。

Pink one tone

［ベリーピンクのワントーン］

HOW TO MAKE-UP

P.66

基本のかわいい超えメイク

リップを
チェンジ

足すもの

USE THIS

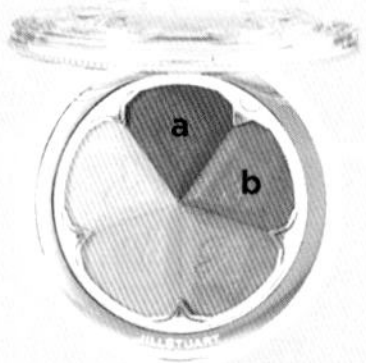

（右）落ちつきのあるくすみ色 MIX で肌なじみ抜群。ブルーム ミックスブラッシュ コンパクト 05 ￥4200／ジルスチュアート　ビューティ
（左） 濃密なテクスチャーで見たままに発色。リップスティック N 310 ￥2000、同 ケース N 02 ￥1000 ／ポール & ジョー ボーテ

1

チークを基本シャドウ
の上に使用。
a+**b** を二重幅にのせ、
下目尻のキワ 3 分の 1 にも

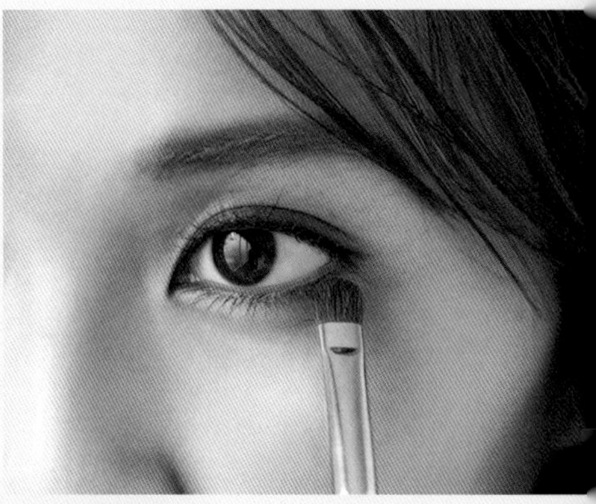

2

基本チークの上に、
全色をブラシで混ぜて、
頬下めに丸くのせる

3

指でベリーピンクのリップを
密着させるように広げる

目と頬に同じアイテムを使うことで、トーンをズラしていてもごちゃごちゃしにくくなるのがメリット。そして、チークはあえて低めの位置に入れて、かわいすぎないようバランス調整をしましょう。

Pink one tone

ベリーピンクのワントーンで
大人かわいく、キレイ

OTONA MAKE-UP
TECHNIQUES

03

赤リップを大人に見せたい

目もとの上品さをマシマシに。例えば紫マスカラをプラスでオン

すっかり定番化した赤リップのルックにも、そろそろ新鮮さが欲しいところ。黒ラインをピッと引いたりするのは、あまり大人のキレイメイクではオススメしません。分かりやすいメイク感を加えるのではなく、その人のムードを盛り上げるサブになるようにプラスαの要素をニュアンスで加えたいんです。そんなときにはパープルのカラーマスカラをひとつ。紫はセクシーなイメージでもおなじみですが、本来気品のある高貴な色。さらに、おしゃれ度も簡単に高まるんですよ。今回使ったマスカラはクリア発色なので、ベースのマスカラの上に重ねることで、目もとにふんわりと品が溢れ出るはず。唇から遠い目もとに色をのせたことも、シンプルな見え方になるポイントです。

CLASSY EYELASH

［上品パープルまつげ］

HOW TO MAKE-UP

P.66

基本のかわいい超えメイク

引くもの

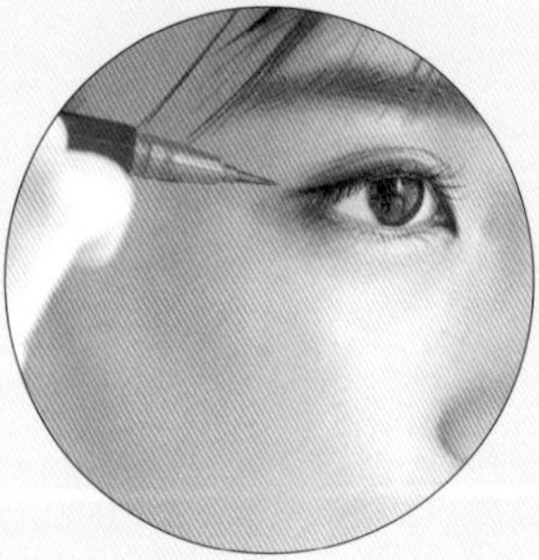

リキッドラインは省略!

まつげでラインを描いているように見せたいので、基本メイクで目尻に描いたリキッドラインをオフするひと手間を。そのままにすると目もとに濃さが生まれて、気合の入った仕上がりに。

足すもの

USE THIS

「クリアで適度に深みのあるパープルなので、大人の目もとにも浮かずになじみます」。エナメルコート カラーマスカラ 004 ¥1500/リンメル

1 上下に軽く塗ったあと、目尻側だけ重ね塗りをする

パープルの気品を漂わせて
赤リップをランクアップ

OTONA MAKE-UP TECHNIQUES

04

大人を目指すとマンネリなベージュブラウンメイクになっちゃう

ブラウン気分でトライしやすいみかん色なら、カンタンおしゃれ

普遍的とも言えるブラウンメイクは、マンネリ化してしまうこともしばしば。そんな中、救世主とも言えるのが“みかん色”！　まさに旬なトレンドカラーですが、見た目の鮮やかさに比べて驚くほど使いやすく、ブラウンの延長で使うことができるんです。しかも、取り入れるだけで即おしゃれにあか抜ける魔法のカラー。普通のオレンジだと肌になじみすぎてしまうけれど、みかん色なら黄みが強くアクセントになってくれるんですよね。今回、あえて目もとは基本メイクのピンクブラウンをキープして、リップとチークで印象チェンジしました。いきなり目もとに黄みのオレンジ色をのせることには抵抗があるという人でも、リップを主役に頬にも少しかけるだけなら簡単なはずです。

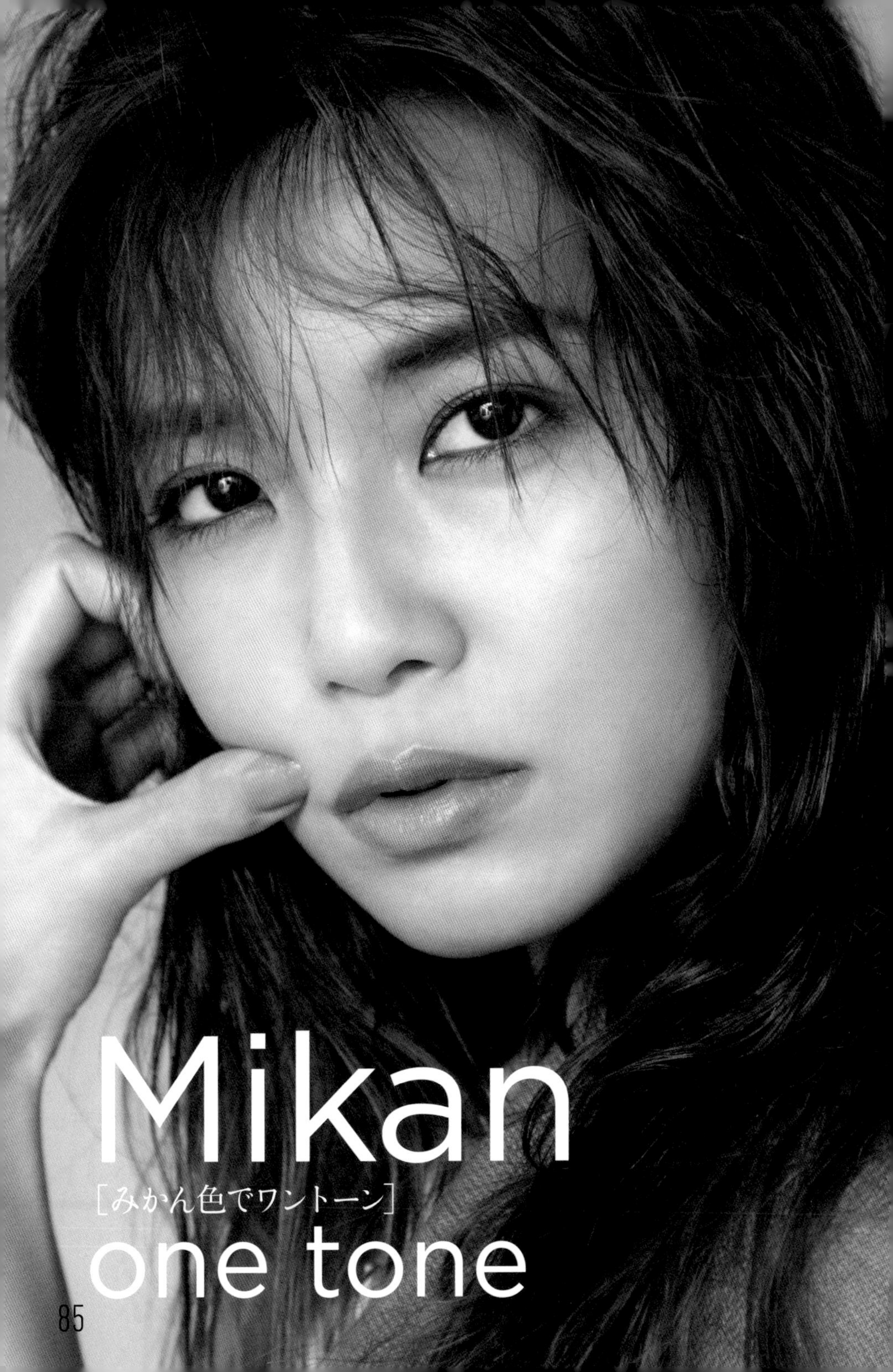

Mikan
［みかん色でワントーン］
one tone

Mikan one tone

HOW TO MAKE-UP

P.66

基本のかわいい超えメイク

リップをチェンジ

足すもの

USE THIS

（右）「繊細なゴールドパールが入っていて、大人のメイクにもぴったり」。コンスピキュアス チークス 09 ¥6800／アンプリチュード　（左）「潔く彩度の高いものを選んで」。ディグニファイド リップス 33 ¥3200／セルヴォーク

頬はみかん色のチークのみで仕上げず、基本チークをベースにしているのでほんのり色みのヴェールが漂う仕上がりに。リップは薄く塗るよりも、一度しっかり塗りきってみてください！　一気に旬感高まる表情に生まれ変わるのを、体験できますよ。

1 チーク下のオレンジを頬中央に、上のイエローは頬全体に広く

APPLICATION

MAKE-UP

大人の新定番はみかん色メイク

2 リップは一度しっかりと直塗りをする

3 もう一度塗り重ねて地の色をカバーして

OTONA MAKE-UP
TECHNIQUES

05

リップで大人に見せるには どんなものを選べばいい？

なじみ色でも透け感のある マット口紅なら女らしい温度感に

ここ数年でじわじわファンを増やしているのが、マットリップ。サッと塗るだけでおしゃれでこなれた雰囲気が出せると人気ですが、一方では「唇が乾燥してしまいそう」と敬遠する人も多いですよね。でも、仕上がりのテクスチャーを変えて得られるメイク効果は絶大！　プロダクトも次々と進化していて、マットだけど透け感があって、じんわり湿度を感じさせるものが続々と登場しています。この“透け”が特にポイントで、どマット特有の厚ぼったさがなく、生っぽさが大人の余裕を醸し出してくれるんです。おなじみのヌーディカラーも、透けるマットリップでサラッと取り入れるだけで、新鮮な表情に変身できます。

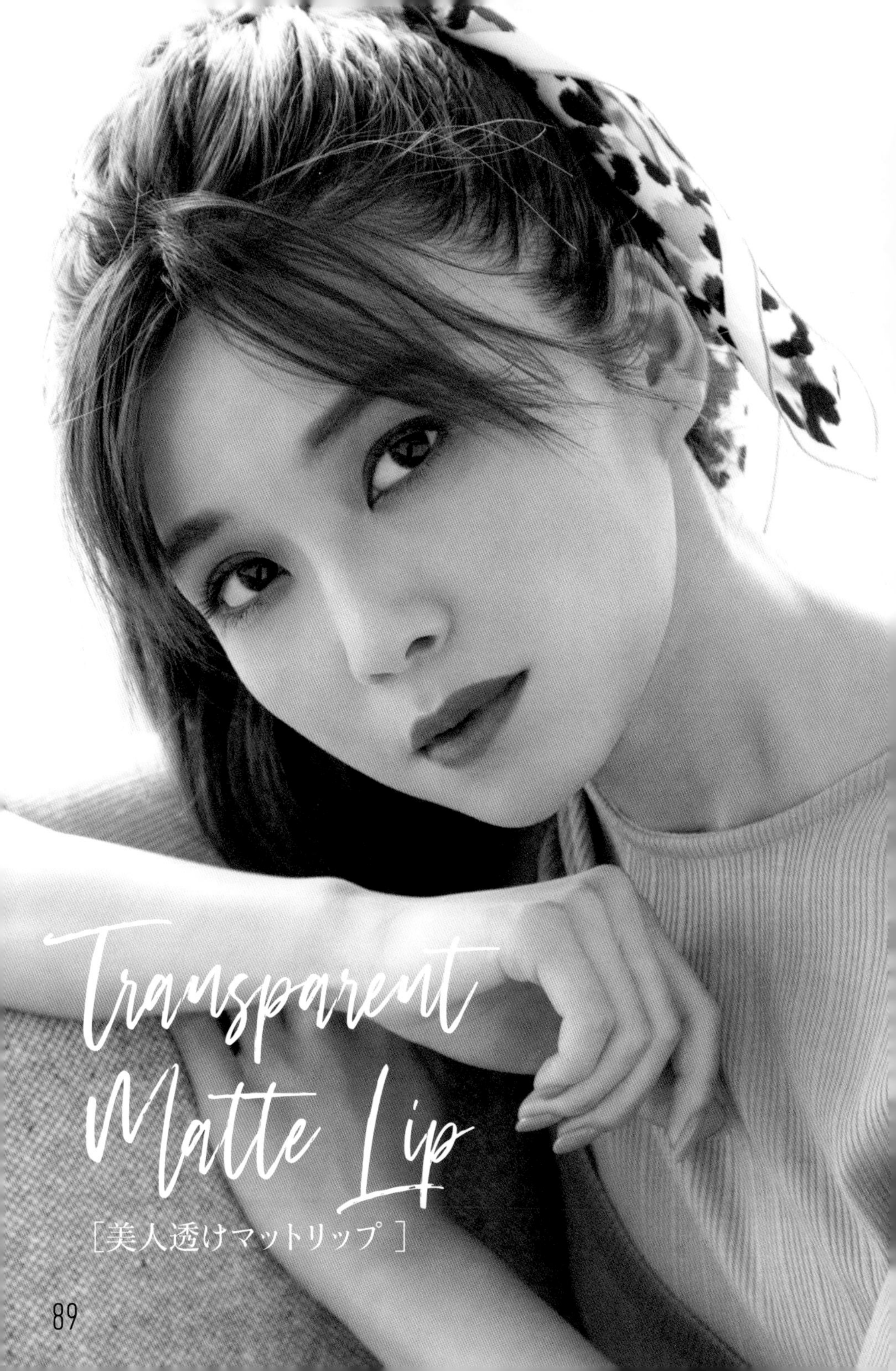

Transparent Matte Lip

［美人透けマットリップ］

Transparent Matte Lip

HOW TO MAKE-UP

P.66

基本のかわいい超えメイク

リップを
チェンジ

USE THIS

「女性らしさが高まる秀逸カラー」。ルナソル シームレスマットリップス 06 ¥3800／カネボウ化粧品

透けるマットで作る
余裕がふわり漂う
大人のキレイ

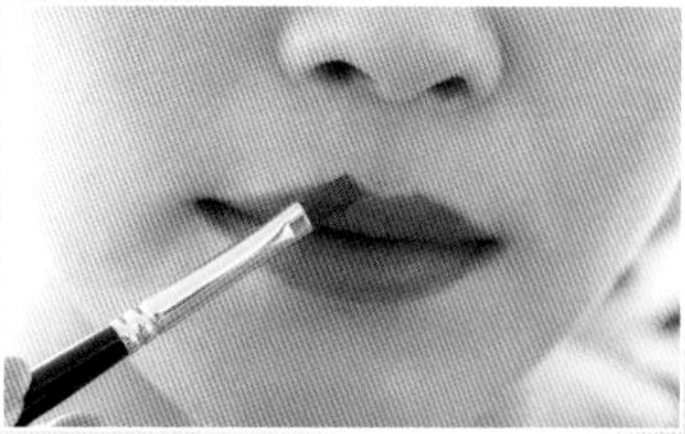

1 直塗りをした後
ブラシで輪郭を整える

2 指でトントンなじませて
油分のツヤを押さえる

OTONA MAKE-UP
TECHNIQUES

06

ツヤツヤすぎるグロス。なんだかバランスがとりにくくなってきた……

グロスより軽い質感のリップオイルをサラリと塗る

手軽にツヤと潤い感をプラスできるのがグロスのいい所ですが、久しぶりに塗ったら「あれ、なんだかトゥーマッチ !?」なんて経験ありませんか？ ツヤと一言でいってもその種類は本当にさまざまで、大人が選ぶべき似合うツヤがあるんです。それは、唇の上でアピールするツヤではなく、唇そのものがみずみずしさを放っているかのような“潤み”。そこでぜひ手に入れて欲しいのがリップオイルなんです。唇の上に盛るようなツヤ膜を張っているのがグロスだとすれば、リップオイルは唇自体が潤いで溢れているようなツヤが宿るんですよね。何というか、儚《はかな》いほんのり赤みのある色と軽やかな輝きで、ピュアに唇を彩ってくれることを保証します。

SMOOTH LIP OIL

［サラツヤリップオイル］

HOW TO MAKE-UP

P.66

基本のかわいい超えメイク

リップを
チェンジ

USE THIS

ディオール アディクト リップ グロウ オイル 012 ¥3800／パルファン・クリスチャン・ディオール

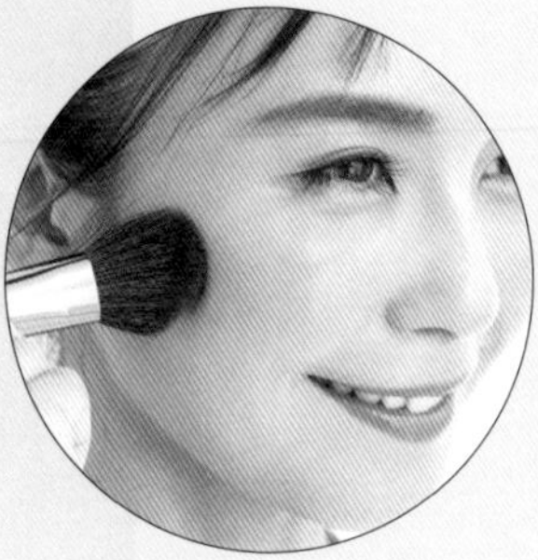

チークを少し強めに

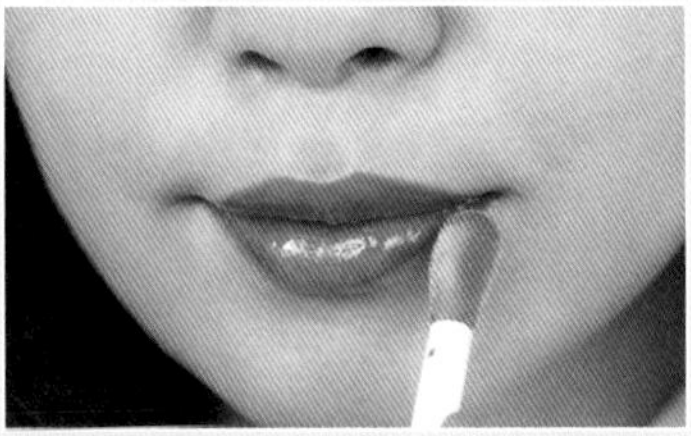

1 なるべく薄膜に塗り広げ
「んま」はせずそのままで

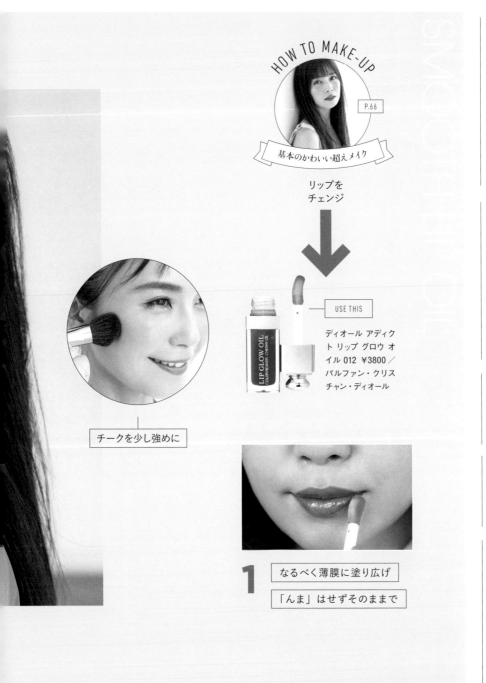

APPLICATION

MAKE-UP

みずみずしい唇のツヤが
その人自身まで
潤う印象に見せてくれる

リップオイルは液がグロスよりサラサラとしたものが多いので、たっぷり塗ってしまうとダレる原因に。薄い膜のように唇にのせて、ピュアな輝きをキープしましょう。さらに、透明に近い色よりも少し色づきを感じるタイプの方がくすみも解消できますよ。

OTONA MAKE-UP
TECHNIQUES

07

アイシャドウをグラデ塗りしないと
ナチュラルすぎて落ち着かない

暖色系のマットなシャドウなら
単色でも程よくメイク感が手に入る

いつもアイパレットの中の色を全色、または数色丁寧に塗り重ねている人は一旦ストップを！　一度グラデーションメイクに慣れてしまうと、レスしていくのはなかなか勇気が必要なのもわかります。でも、シンプルで美しい印象を与えるためには、一度そぎ落とす作業が必要なんです。とはいえ、物足りなく感じてしまっては台無しに。そこで、ぜひマットなオレンジブラウンをセレクトしましょう。マットなパウダーは色印象が高まるので、パールタイプよりメイク感が出しやすいんです。ただ、程よい赤みを含んでいないとくすんで見えてしまう危険性もあるので、今回はオレンジブラウンのマットパウダーを目と頬に手でのせて、カジュアルだけれど大人っぽくキレイなムードに。

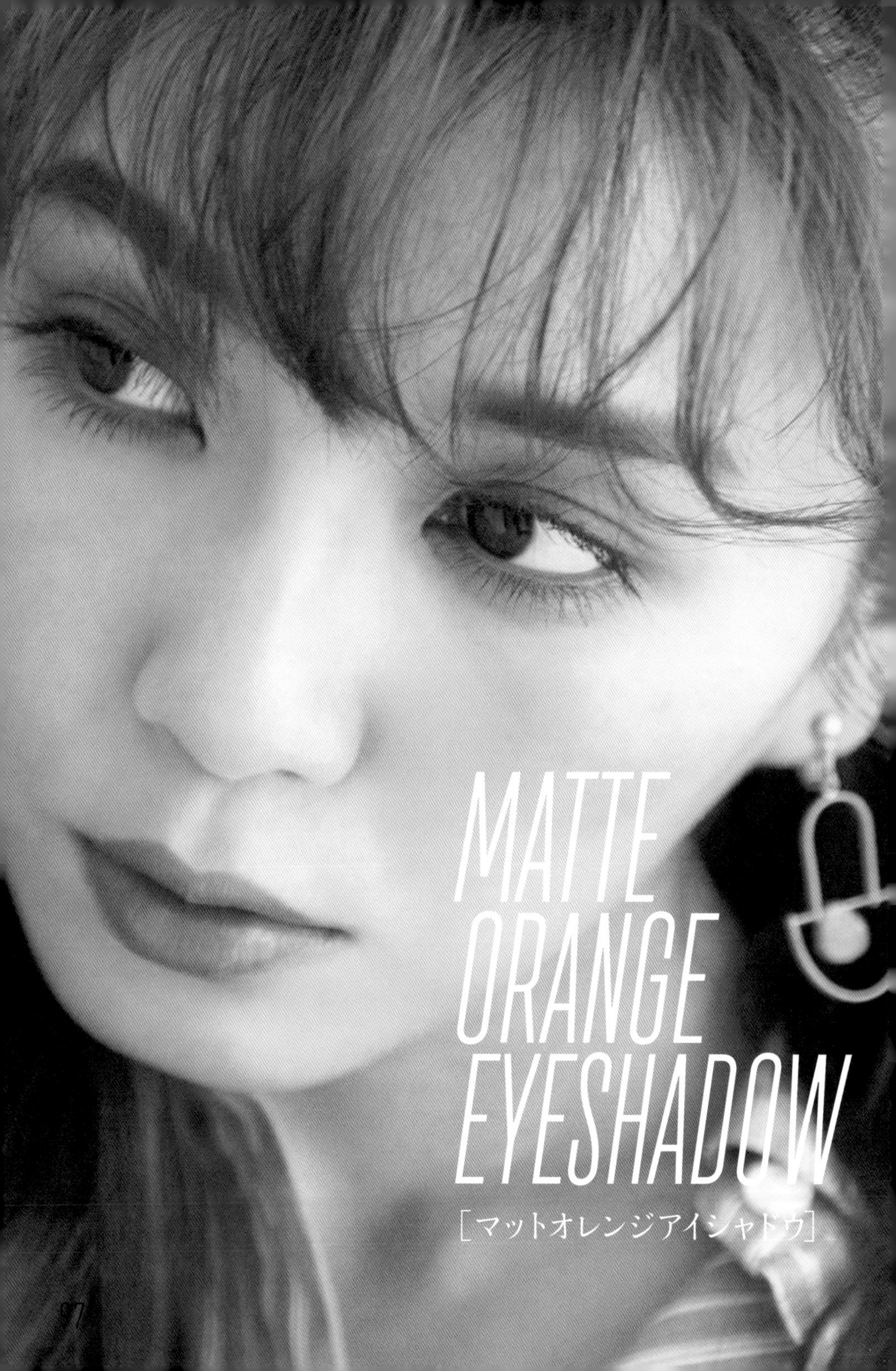

MATTE ORANGE EYESHADOW

［マットオレンジアイシャドウ］

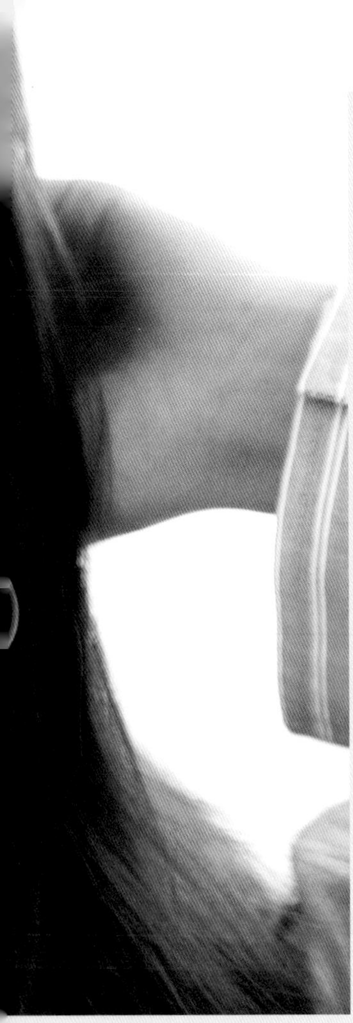

MATTE ORANGE EYESHADOW

HOW TO MAKE-UP

P.66

基本のかわいい超えメイク

アイシャドウ・チーク
をチェンジ

USE THIS

目や頬、唇にも使える優しいパウダー。ミネラルマルチパウダー ヘルシーオレンジ ¥2300／エトヴォス

1 上まぶた広めに指でのせ
下まぶた全体にはブラシで

2 ブラシで頬骨に沿ってのせ、
指先で肌と一体化させる

マット質感の オレンジブラウンで 脱グラデアイ

メイクをキレイにしようとすると、それだけでお化粧感はどんどん増してしまうので、指でなじませるひと手間を加えるのがカギ。マットゆえの粉浮きも防げて、こなれた顔に。

Column

宇野ちゃんヘアアレンジ その1

［無造作シニヨン］

お団子アレンジは宇野ちゃんのテッパンですが、ポイントは少し低めの位置でまとめること。高すぎると子供っぽさや古さが出てしまうので、ほんの少し丸みがのぞく程度を目指しましょう。

FRONT

低めにまとめた
お団子で
大人っぽさを狙って

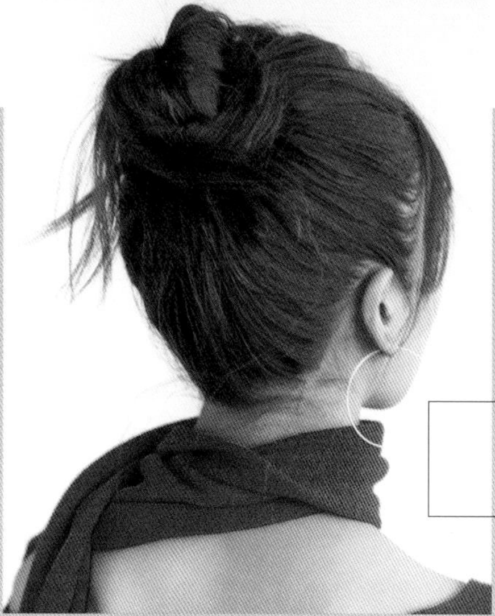

BACK

HOW TO MAKE-UP

1 髪をポニーテールにし、トップの毛を引き出す

2 角度は 45 度あたりで

ポニーテールをするときはあまりキレイに整えすぎず、トップには少し緩さを持たせて。お団子も髪を 2 束に分けて巻くので、無造作だけれど面のある大人っぽい仕上がりに。

3 2 束に分けて 1 本をお団子に

4 残りを巻き付けピンで固定

Column

宇野ちゃんヘアアレンジ その2

［ヘアピンタイト］

ダウンスタイルのときに物足りないなぁと思ったら、ヘアピンの出番。普段もですが、ライブやジャケ写のときにも登場していたりするんですよ。数本さすだけで印象が変わるので便利です。

FRONT

HOW TO MAKE-UP

ザクザクとピンを留めるアレンジの場合、付ける位置をアシンメトリーにすると子供っぽくなりません。あれこれと位置を試しながら、自由に楽しんでみてくださいね。

1

WAX等で顔周りをウェットに

2

コームでタイトに整える

SIDE

顔周りをウェット&
タイトに仕上げて
メリハリアップ

3 片側は高めの位置に3本さす

4 反対は耳かけ&おくれ毛を

5 耳上でピンを3本さす

あの時、あのメイク。オール解説!

by paku☆chan

クールな世界観のジャケ写、笑顔はじけるライブ……。
様々なカオを見せてくれる“アーティスト・宇野ちゃん”。
paku ☆ chan だけが知っているメイクの裏側を語ります。

「AAA 15th Anniversary All Time Best -thanx AAA lot-」(2020 年 2 月)

FILE : 01

端正な肌×レッドルージュ。色香のあるシックなレディに

記念すべき、AAA15 周年記念ベストアルバムのソロジャケット写真。“お姫様感” を演出することで、メンバーとのバランスを取ろうと思い、シックで色っぽさもあるイイ女をテーマにメイク。赤リップを主役に、目元はラインを効かせて。ただ、黒だと強すぎるのでグレーに。肌もナチュラルではミスマッチなので、チークレスで端正なツヤ肌に仕上げました。

USE THIS

艶やかマット。ルージュ ディオール ウルトラ リキッド 855 ¥4200/パルファン・クリスチャン・ディオール

REVIEW

MAKE-UP

FILE :

01_02

「AAA DOME TOUR 2019+PLUS」(2019年11月)

FILE : 02

ステージ映えする目元の立て役者は
実は、ブラウンまつげ!

宇野ちゃんのトレードマーク、長いまつげ。ステージメイクでは、ブラウンマスカラが鉄則です。黒マスカラよりも、ピンクシャドウと相性が良く、抜け感が出せるので。この時は、より優しげな印象になるピンクブラウンを使用。ステージではアイライナーも茶系と決めています。どんなライトのもとでも瞳が埋まらずに目力が出せるんですよ。

USE THIS

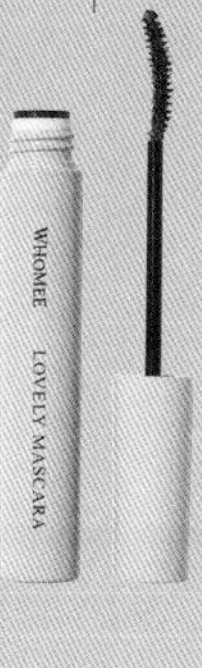

優しげニュアンスのあるピンクブラウン。フーミー ロング&カールマスカラ terracotta pink ¥1500/Clue

「a-nation 2019」大阪公演（2019年8月）

FILE : 03

AAAでの野外ライブは
コーラルリップで甘さをセーブ

AAAでステージに立つ時は、キラキラの目元で華やかさを出し、コーラルカラーのチーク＆リップでヘルシーに。メンバーと並んだ時に、女っぽすぎないよう、バランスをとります。ちなみに、ライブのリップ選びはとてもシビアにしていて。落ちないのはもちろん、マイクにつかないことも重要。その点、このYSLのリップはバッチリです。

USE THIS

唇と一体化。ルージュ ピュール クチュール ヴェルニ ウォーター ステイン607 ¥4300／イヴ・サンローラン・ボーテ

REVIEW

MAKE-UP

FILE :

03_04

「a-nation 2019」福岡公演（2019 年 8 月）

FILE : 04

ブルーのグリッターアイで輝く宇野ちゃんと夏の思い出

ライブに来るファンのみなさんは、キラキラしてる宇野ちゃんを見たいのかなと思っているので、ライブのアイメイクは基本的にキラッと系。この時は、黄色の衣装と好相性のブルーを合わせてアクティブに。夏の野外ステージで映えます！　ただ、青に青を重ねるとケバくなるからすみれ色のピグメントをちょこっとだけ。このバランスが鍵。

USE THIS

（上）3段目右の2色を使用。UT シャドウ パレット 04 ¥2900、（下）フェイス&ボディ グリッター 11 ¥1600／ニックス プロフェッショナル メイクアップ

「Honey Stories」（2019 年 7 月）

FILE : 05

ブラウンのワントーンメイクで抜けのあるかっこよさを表現

この頃、ブラウンリップがすごく流行っていたこともあって、トーン違いの ALL ブラウンメイク。最初からモノクロになることが決まっていたので、質感と深みを出すことが必須。宇野ちゃんの定番・ツヤリップは上からパウダーで押さえてソフトマットにチェンジしたり、目元はベージュで抜け感を出したり。ここまでかっこよさを強調したのは初めてですね。

USE THIS

透け感のある赤みベージュ。唇になじみ自然にふっくら。オペラ シアーリップカラー RN 02 ¥1200／イミュ

REVIEW

MAKE-UP

FILE :

05_06

「UNO MISAKO LIVE TOUR 2018-2019 〝First love〟」(2018年10月～2019年2月)

FILE : 06

初のソロライブは、みんなが心ときめく、ピンクが主役！

初のソロのライブは、ファーストインプレッションが大事だから、“みんながときめくものにしよう”と相談して、ピンクの世界観を表現。キラッキラの衣装に合わせ、目元はキレイな濡れ感が出るペールピンクのティントシャドウをON。そう、ライブでは、落ちにくさもマスト条件なので、ティントコスメを仕込んでおくことが多いんですよ。

USE THIS

当時使用していたアイテムのアップデート版。ピンクが繊細に煌めくまぶたに。アイ ティント アクア 33 ¥3900／ジョルジオ アルマーニ ビューティ

「UNO MISAKO LIVE TOUR 2018-2019 〝First love〟」ツアービジュアル（2018 年 9 月）

FILE : 07

等身大の宇野ちゃんは
基本メイクで作られていた！

最初のソロツアーだから等身大の宇野ちゃんを見せようと。今まではグループの宇野ちゃんだったけど、ソロでは、独特のやわらかさやおっとりした雰囲気を出したいね、って話をして、素っぽさを大事に。この本で紹介している基本で作っているメイクです。リップも素の唇がキレイに見えるベアミネラルを。チークはいつもより少し広めに。

REVIEW

MAKE-UP

FILE :

07_08

「Summer Mermaid」(2018年7月)

FILE : 08

いつもと違う色＆質感使いが あざとかわいいと大反響！

みずみずしいブルー＆ペールピンクのビーチグッズに合わせた、いつもの宇野ちゃんとは全く違うメイクでジャケ写の世界観を完成。目元は色より質感を重視。うるつやな濡れ感のあるまぶたで透明感を演出。リップは薄い青みピンク。宇野ちゃんには珍しい色みも、このジャケ写の世界観にはぴったり。セットとコーデすることも大事なこと。

USE THIS

大きさ違いのラメをセット。キャンメイク ジュエリーシャドウベール 01 ¥600／井田ラボラトリーズ

things she loves

宇野ちゃんの好きなもの

そもそも、美容が大好き。自分と向き合うことはずーっと続けてきました。

わたし、キレイになれることが好きなんです。もともとずーっと敏感肌でニキビにも悩まされてきたから、お金をかける治療もかけない治療もたくさん試してきました。肌って体の内と外両方の影響を受けるし、その時々の状況とか環境とか繊細に関係していて複合的ですよね。だから一筋縄ではいかないけど、無理のないセルフスキンケアはわたしの大切なキレイの習慣。

　お仕事し始めた頃は金銭的にも大変だったし、なるべく手頃なもので頑張ってケアを続けていたんですけど、それが今にもつながっていて、ものすごく金額の高いアイテムは使ってないんです。だって毎日続けるのに大変じゃない？　いつも気に入ったものをワンシーズン通して使うのがお決まりだけど、paku☆chanを含めヘアメイクさんや美容に詳しい友達にリサーチをして、コスパも良かったりすると結構すぐポチッちゃうんですよね（笑）。

　スキンケアってきちんと手をかけてあげると肌が応えてくれるところがいいなぁと思っていて。わたしの顔と体って皮膚が薄いから乾燥しやすいし、あざもできやすいのでわたしの肌にあったケアをちゃんとしてあげないとダメなんですよ。自分の手で肌をゆっくり確かめながらケアする時間はすごく自分に優しい瞬間のような気がします。もうすっかり習慣化しているからやらないといられないし、プロセスは必要最低限のことしかしていないから、「あぁ〜今日はスキンケア面倒だな」って思ったことはないんです！

MISAKO'S BEAUTY ROUTINE

宇野ちゃんのスキンケア習慣

美容 LOVER な宇野ちゃんの、こだわりスキンケアを特別にご紹介。いつ会ってもキレイな宇野ちゃんの秘訣に迫ります！

朝は忙しいから、簡単ステップが鉄則♪ MORNING ROUTINE

洗顔 - - - 化粧水 - - - 保湿

洗顔

a

化粧品がグングン浸透する肌に

「洗うだけで肌のキメが整って、化粧水やセラムのなじみが良くなるんです」

化粧水

b

すぐもちもち肌になれる！

「あっという間に浸透して、肌が潤ってくれるのが溺愛ポイント♪」

コットンに含ませて使用しています！

c

「優しい肌あたりで、毛羽立ちにくいところが好き♡」

保湿

d

素早くなじんで輝く素肌へ導く

「肌のザラつきが気になったときは、化粧水の前に使うことも！」

a 古い角質を取り除き、柔らかく明るい肌に。セルニュープラス ピーリングソープ 標準重量 90g ¥2200（医療機関のみで販売）／常盤薬品工業 **b** 肌荒れやニキビにも効果的。 高機能還元性ミネラル浸層電解水 50mℓ ¥3000／リフィーユプラスプロ **c** 5層構造のしっかりとした厚みが特長。ソフトコットン 72枚入り ¥700／RMK Division **d** 肌に浸透して角質を整える。Prism Exfoliating Glow Serum 30mℓ（日本での取り扱いなし）／HERBIVORE BOTANICALS（イッツ ソー イージー）

水分チャージ＆負担の少なさ重視 NIGHT ROUTINE

クレンジング - - - 洗顔 - - - 化粧水 - - - マスク - - - 保湿

クレンジング

e

優しくすっきりオフ

「みずみずしくてこっくりしたジェルで、メイクをしっかり落としています」

洗顔

f

角質ケアで肌荒れ予防

「潤いながらもツルッとした洗い上がりが、すごく気に入っています！」

化粧水

g

透明感のある整った肌を実現

「コットンに染み込ませてパッティングすれば、なめらかな肌に♪」

マスク

コンディションに合わせてチェンジ

h

「デイリー使いはシートマスク。保湿力抜群。低刺激なのも嬉しい」

or

i

「念入りなお手入れの日に。1時間つけたままでいいので使いやすい！」

保湿

j

肌を安定させてくれる！

「ベタつかないテクスチャーのジェルを、手で温めて塗布しています」

e 弱酸性の泡立つジェル状メイク落とし。エンビロン クレンジングジェル 100g ¥2500、**f** 古い角質や余分な皮脂を優しく落とす。同 クリアスキンウォッシュ 100mℓ ¥4500、**g** 透明感のある肌に。同 モイスチャートーナー 100mℓ ¥5500、**i** マイルドなスクラブ作用あり。同 クレイテックマスク 150mℓ ¥9000、**j** 揺らぎがちな肌を健やかに。同 デリケートジェル 60mℓ ¥3600／プロティア・ジャパン **h** 乾燥から肌を守る。ミノン アミノモイスト ぷるぷるしっとり肌マスク 22mℓ× 4 枚入り ¥1200（編集部調べ）／第一三共ヘルスケア

毎日続けられることをする SKINCARE POLICY

「敏感肌で悩んだ時期を乗り越えて気づいたことは、“続ける”ことの重要さ。なので、ルーティンはシンプルで必要最低限。使うものは、季節ごとに肌の調子に合わせて替えることも多いです」

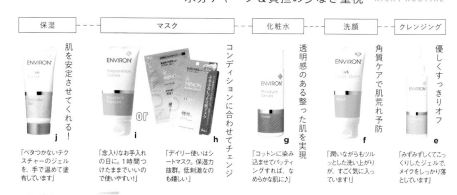

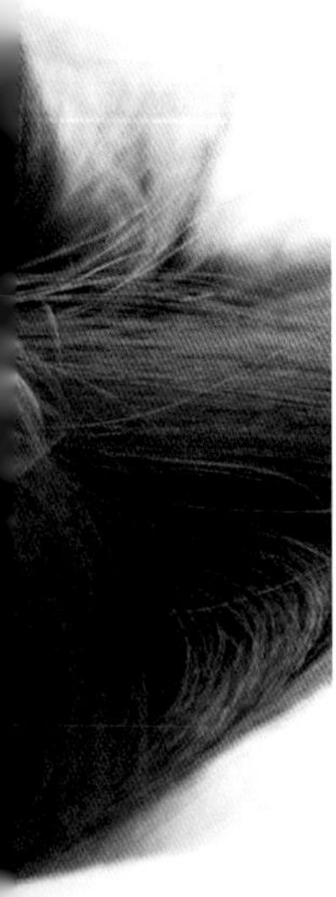

わたしの体はとても素直なんです。

朝のルーティンは、まずたっぷり泡立てた洗顔から。乾燥しやすい混合肌タイプだから、朝もきちんと洗顔したいんですよね。次は化粧水をコットンで染み込ませて、保湿ジェルと美容液を塗って、一緒に1分間サクッとマッサージも。そのままどこかへ出かけるときは日焼け止めを塗るけれど、室内なら塗らないこともあるし、下地と一緒になってたら日焼け止めは飛ばしちゃうこともありますよ。

夜はジェルタイプのクレンジングでメイクを落とすのが定番だけど、しっかり落としたいぞ!ってときにはオイルクレンジングの出番。あとは朝と同じで泡たっぷりで洗顔をして、化粧水を。たまにトーンアップする泥パックをしたり、仕事でホテル泊のときはシートマスクをしたりもします。いつも同じ流れだから、スキンケアは肌の様子をチェックするバロメーターの役割もあるかも！　素直なんですよね、わたしの肌と体って。肌表面が水分不足で荒れていると何も入っていかないから、何よりも水分力を上げて、滑らかにしてあげることを考えているかな。

20代の頃は
ヌーディ、ヌーディ、ヌーディ。
赤リップとか、ピンクは
好きだけど付けなかったな

一時期はマイナスメイクが主流だったことがあったけど、ここ最近はリップに色を持ってきたり、カラーマスカラを塗ってみたり、髪も巻いたりして華やかなちょいプラスメイクが気分なんです。20代の頃なんてもう、ヌーディ、ヌーディ、ヌーディって感じでカラーレスなメイクばっかりしてたから、今のメイクは想像できなかったな。

色で一番好きなのはピンクなのに、メイクならずっとオレンジが似合うと思い込んでたり。たまに街中で見かける若い女の子たちに触発されて違う色を付けたりすると、「あれ、いいじゃん♡」って思ったりすることも（笑）。

何事も練習だなって思います。ぶっつけ本番は無理（笑）

わたし、街で見かける人たちを参考にすることが多いんですよ。例えば買い物に行ったときに鏡を見るじゃないですか。そうすると周囲にいろんな人が比較対象としているから、分析しちゃうんですよね。「あ、あの人のあの服装にあのテンションのメイク素敵だな」とか「あの髪色にあのリップかわいいな」とか。照らし合わせて反省もしてます（笑）。とにかくなんでも練習とか鍛錬することが大事。料理とメイクはぶっつけは無理です！　メイクだけじゃなくてもちろんヘアアレンジとかもね。巻くのとか、本当に下手だから（笑）。

MISAKO'S BEAUTY ROUTINE

宇野ちゃんのスタメンコスメ

最近宇野ちゃんが、プライベートで使っているコスメを特別に大公開。
愛用している理由や使い方のポイントも聞いちゃいました！

d 甘さと抜け感のバランスが絶妙。「どんなメイクにもマッチするピンクみブラウン。最近は下まつげもしっかりめに塗って、目力 UP させています」。フーミー ロング＆カールマスカラ terracotta pink ¥1500／Clue

c 凹凸をカバーして肌を整えてくれる。光の効果でくすみを飛ばし、透明感を手に入れて。さらりとしたつけ心地。「さっとのせるだけで、明るい肌に」。セッティング パウダー ¥5000（セット価格）／ポール＆ジョー ボーテ

b ちゃんとカバーしながらも、素肌っぽい仕上がりに。「程よいツヤを仕込めます」。フローレス ルミエール ラディアンス パーフェクティング クッション SPF50・PA＋＋＋ 15g ¥5800／ローラ メルシエ ジャパン

a 自然な血色感を叶えるピンクベース。潤いをキープし、長時間くずれにくい肌に。「白浮きせずに、肌をトーンアップしてくれるからお気に入り♡」。トリートメント セラム プライマー SPF15・PA＋ 30g ¥6000／SUQQU

h ぷるんと可愛げに仕上げてくれるモテリップ。大人女子にちょうどいい、強すぎない上品な赤。「ティントなのに、乾燥せずベタつきにくいからおすすめ」。ティントグロス カクテルレッド ¥1980／ラストモーメント

g 肌に溶け込むニュアンスカラー。こなれて見える甘すぎないくすみピンクで、大人可愛く。「火照っているような、あざとい顔を演出してくれるんです」。インフィニトリー カラー 13 ダスティピンク ¥3200／セルヴォーク

f カーキベージュにグリッターを効かせた大人カラー。強さと抜け感を両立。「品のいいきらめきが、目元をレディに格上げしてくれます」。オンリーミネラル ミネラルピグメント スパイス 0.5g ¥1800／ヤーマン

e スルスル描きやすいのに、落ちにくい最強リキッド。「肌なじみがよくて、目もとが強くなりすぎないのが嬉しい。アクセントや締め色に使っています」。ラブ・ライナー リキッド ダークブラウン ¥1600／msh

消せないメイクはないから、そこがすごくいいと思うんです。失敗しても、いつだって直せるしね

メイクって、違う自分になれる一つの方法だけど、それだけじゃなくて今の自分の自信になるものだと思うんです。プロローグでもお伝えした通り、わたしはpaku☆chanに出会った頃、どう自分を見せていくべきか方向性に迷っていたときだったんです。そこに寄り添ってくれて、一緒に道を開いていってくれた。ライブでも、雑誌や広告の撮影のときもわたしらしさとキレイを一番に考えながら作ってくれたメイクが、内面まで支えてくれていたんだなぁって実感してます。お互いプロ同士、その化学反応がすごく楽しかったんですよね。

だから、今大人になってメイクで悩んでいる人も、一度怖がらずにこの本に書いてあるレシピを試してみて欲しいな。メイクって消せるから、そこがすごくいいじゃん!?　失敗したって、またやり直せばいいんだから！

EPILOGUE

from paku☆chan

ひと昔前までは、メイク＝テクニックにフォーカスされていた気がするんです。でもわたしは、「メイクって、難しいことは何も必要ないんですよ！」ということを改めてお伝えしたいと考えています。実際にこの本を手に取っていただいたみなさんに、伝わってくれていたら嬉しいです。

私は学生時代から化粧品マニアで、バイトをして何を買うかといえば、コスメばっかり！　ただ当時はソフトボールの部活をプロを目指すほど本気でやっていたので、実際に自分にメイクをすることはなかなかなかったけど、持ってるだけで嬉しかったんですよね。その後肩を傷めたタイミングで将来を考えたときに、一度歯科衛生士の道へ進みました。ただこれが可笑しな話なんですけど、仕事柄患者さんの顔を近くで見るじゃないですか。その時にメイクに興味津々で（笑）、それで「わたしはメイクで女性をきれいにしたい！」って自覚したんですよね。そこからすぐにメイクスクールに通って、ブライダルメイクを経験した後にアシスタントを経て、現在の事務所に所属することになりました。

　そして今回、初めてメイク本を出版させていただくことになったんですが、わたしとしてはまだまだ勉強の途中の身。いつだって学んでいる気持ちが大きいけれど、大人のメイクとキレイの関係性について、今持てる全ての思いをご紹介できたような気がしています。

　そしてこの本のプロセスを真似してもらうだけでなく、もう一つアドバイスを。〝キレイ〟や〝かわいい〟は、口に出すと返ってくるんです。メイクを自分らしくポジティブに楽しみながら、「いい感じ！」と思ったら声に出してください。きっと、もっと素敵になれると信じています。最後までお読みいただき、本当にありがとうございました！

P97 マットオレンジアイシャドウ

シャツ ¥20000／フレイ アイディー
イヤリング ¥12000／イロリエール（ロードス）

P113 宇野ちゃんの好きなもの

シルクシャツ ¥20000、
シルクショートパンツ ¥15000／
プライベート・スプーンズ・クラブ 代官山本店

P100 無造作シニヨン

赤ニット ¥38000／エズミ（リ デザイン）
ピアス ¥78000／ジジ（ホワイト オフィス）

P102 ヘアピンタイト

ボーダートップス ¥4000／
RD ルージュ ディアマン
「LOVE」ネックレス ¥5500／
ダブルスタンダードクロージング（フィルム）
ヘアピン／スタイリスト私物

FASHION SHOP LIST

あ
アビステ ☎03-3401-7124
アルアバイル ☎03-5739-3423
RD ルージュ ディアマン ☎03-4578-3343
ESTEEM PRESS ☎03-5428-0928

か
キャセリーニ ☎03-3475-0225
ココ ディール ☎03-4578-3421

さ
SHOWROOM UNO ☎03-5545-5875

は
バロックジャパンリミテッド(SLY) ☎03-6730-9191
フィルム ☎03-5413-4141
プライベート・スプーンズ・クラブ 代官山本店
☎03-6452-5917
フレイ アイディー ルクア大阪店 ☎06-6151-1239
フレイ アイディー ルミネ新宿2店 ☎03-6273-2071
ヘインズブランズ ジャパン　カスタマーセンター
☎0120-456-042
ホワイト オフィス ☎03-5545-5164

ら
リ デザイン ☎03-6447-1264
リリー ブラウン 阪急うめだ本店 ☎06-6313-7235
リリー ブラウン ルミネエスト新宿店 ☎03-6457-8555
ロードス ☎03-6416-1995

Fashion Coordinate

P2　from MISAKO

カーディガン¥9000、
キャミソール¥6400／リリー ブラウン
ピアス¥5728／アビステ

P71　ふわふわ眉

ボウタイブラウス ¥15000／
ソブ（フィルム）
サスペンダー付き
ワイドパンツ ¥14000／ココ ディール
イヤリング ¥14000／
ラフンタンブル（ロードス）

P85　みかん色でワントーン

ジャケット ¥13000／
ココ ディール
ノースリTシャツ ¥2000／
ヘインズ（ヘインズブランズ ジャパン
カスタマーセンター）

P25　メイクプロセス

ワンピース／スタイリスト私物

P75　ベリーピンクのワントーン

ワンピース ¥52000／
BAUM UND PFERDGARTEN
（アルアバイル）

P89　美人透けマットリップ

ワンピース ¥15000／リリー ブラウン
スカーフ ¥5900／ル・ベルニ
（キャセリーニ）

P66　基本のかわいい超えメイク

ワンピース（衣装協力）／
YOHEI OHNO（ESTEEM PRESS）

P81　上品パープルまつげ

Tシャツ ¥1500／ヘインズ（ヘインズ
ブランズ ジャパン　カスタマーセンター）
パンツ ¥15990／SLY
（バロックジャパンリミテッド）
カチューシャ ¥1900／
FLAPPER（SHOWROOM UNO）

P93　サラツヤリップオイル

トレンチコート ¥56000／
ルル・ウィルビー（アルアバイル）
トップス ¥6800／リリー ブラウン

Model

宇野実彩子

Birth Date: 1986/7/16

Birth Place: 東京都

Height: 160cm

Blood Type: O 型

Hair & Make-up

paku☆chan

神奈川県出身。5年間ヘアメイクアシスタントを務めたのち、独立。女性誌、美容雑誌の他、女優、アーティスト、タレントのヘア&メイクを手掛ける等、活動の場は多岐にわたる。繊細なメイクテクニックとトレンドをミックスさせる感性で、一人一人の美人度を更新する理論派メイクが人気。今、最も注目のヘア&メイクアップアーティストである。

STAFF

Photo
菊地泰久 (vale.)
SHINTARO
金栄珠

Stylist
高木千智
平田雅子

Chief Artist Manager
杉上貴大 (Avex Management)
勝丸京子 (Avex Management)

Artist Manager
遠藤唯 (Avex Management)

Design
attik

Imaging Director
芳田賢明 (DNP メディア・アート)

Writer
森山和子
小熊政美
森口裕子

SHOP LIST

あ　アディクション ビューティ　☎ 0120-586683
RMK Division　☎ 0120-988271
アルファネット　☎ 03-6427-8177
アンプリチュード　☎ 0120-781811
イヴ・サンローラン・ボーテ　☎ 03-6911-8563
井田ラボラトリーズ　☎ 0120-441184
イッツ ソー イージー　☎ 03-3400-0340
イミュ　☎ 0120-371367
ウズ バイ フローフシ　☎ 0120-963277
エトヴォス　☎ 0120-047780
msh　☎ 0120-131370
エレガンス コスメティックス　☎ 0120-766995

か　カネボウ化粧品　☎ 0120-518520
Clue　☎ 03-5643-3551
健栄製薬　☎ 06-6231-5626
コーセー　☎ 0120-526311

さ　シスレー・ジャパン　☎ 03-5771-6217
ジョルジオ アルマーニ ビューティ　☎ 03-6911-8411
ジルスチュアート　ビューティ　☎ 0120-878652
SUQQU　☎ 0120-988761
セルヴォーク　☎ 03-3261-2892

た　第一三共ヘルスケア お客様相談室　☎ 0120-337336
常盤薬品工業ノブお客さま相談室　☎ 0120-351134

な　NARS JAPAN お客さま窓口　☎ 0120-356686
ニックス プロフェッショナル メイクアップ
お客様相談室　☎ 0570-077-699

は　パルファン・クリスチャン・ディオール・ジャポン　☎ 03-3239-0618
フランシラ & フランツ　☎ 03-5843-0960
リブ アクティブ カスタマーサービス（プロティア・ジャパン）　☎ 0120-085048
ベアミネラル　☎ 0120-242273
ポール & ジョー ボーテ　☎ 0120-766996

や　ヤーマン　☎ 0120-776282

ら　ラストモーメント　https://lastmoment.jp
リフィーユプラスプロ　☎ 03-6441-0664
リンカー　☎ 03-6804-8108
リンメル　☎ 0120-878653
ローラ メルシエ ジャパン お客さま窓口　☎ 0120-343432

すべての「キレイ」に理由《ワケ》がある

#かわいい超《ご》え 大人《おとな》メイク教本《きょうほん》

2020年3月3日　第1刷発行

著者　宇野実彩子《うのみさこ》
paku《ぱく》☆chan《ちゃん》

発行者　渡瀬昌彦

発行所　株式会社講談社
〒112-8001
東京都文京区音羽2-12-21
電話　編集　03-5395-3447
販売　03-5395-3606
業務　03-5395-3615
印刷所　大日本印刷株式会社
製本所　大口製本印刷株式会社

定価はカバーに表示してあります。

ISBN978-4-06-519313-6